Questo diario appartiene a:

....

....

D1730185

 Questo diario è personale, per favore non leggerlo senza il mio permesso

Copyright © 2022 di Edizioni Elise
Tutti i diritti riservati. 1ª edizione: 2022

Io

Mi chiamo ....

Ho .... anni e vivo a ....

Sono nata il .... a ....

LA MIA FAMIGLIA

....

....

....

....

....

....

Questa sono io

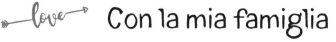 # Con la mia famiglia

Sono
fantastica

ANCORA
IO

Mi amo

Il mio segno zodiacale ....

I miei animali domestici ....

....

 ....

Le mie passioni ....

....

....

....

disegni, scarabocchi o foto

Data ....

Caro diario, ...

....

....

....

....

....

....

....

....

....

....

....

....

....

....

Data ....

Caro diario, ...

La mia scuola

La mia scuola ....

Sono in classe ....

la mia materia preferita

....

....

la mia professoressa
il mio professore si chiama

....

....

le materie che non mi piacciono

....

....

i miei amici

I miei amici ....

....

....

....

....

La mia migliore amica

....

....

il mio migliore amico

....

....

ALBUM DI FOTO

CON I MIEI AMICI

Le mie cose

il mio piatto preferito

....

....

il mio giorno preferito

....

....

il mio colore preferito

....

....

la mia canzone preferita

....

....

preferite

il mio animale preferito

....

....

il mio sport preferito

....

....

il mio libro preferito

....

....

il mio film preferito

....

....

disegni, scarabocchi o foto

Data

Caro diario,

Data ....

Caro diario, ...

....

....

....

....

....

....

....

....

....

....

....

....

....

....

disegni, scarabocchi o foto

Cosa non mi piace

A casa ....

....

A scuola ....

....

Il piatto peggiore ....

....

Lo sport peggiore ....

....

La musica peggiore ....

....

La persona che amo di meno ....

....

Altro ....

Data ....

Caro diario, ...

....

....

....

....

....

....

....

....

....

....

....

....

Data ....

Caro diario, ...

....

....

....

....

....

....

....

....

....

....

....

disegni, scarabocchi o foto

 I miei sogni

dream

I 10 sogni che vorrei realizzare

1. ....   2. ....

3. ....   4. ....

5. ....   6. ....

7. ....   8. ....

9. ....   10. ....

La vita è un sogno, falla diventare realtà.

Madre Teresa (2005)

Le mie immagini da colorare

Data ....

Caro diario, ...

....

....

....

....

....

....

....

....

....

....

....

disegni, scarabocchi o foto

Data ....

Caro diario, ...

disegni, scarabocchi o foto

Cosa mi piacerebbe fare quest'anno

....

....

....

....

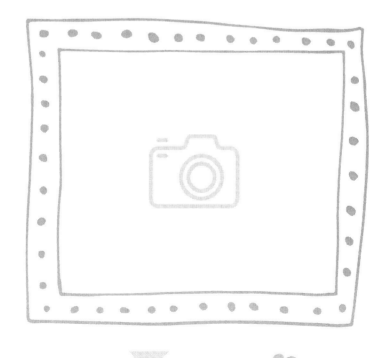

Data

Caro diario,

Data ....

Caro diario, ...

....

....

....

....

....

....

....

....

....

....

....

....

disegni, scarabocchi o foto

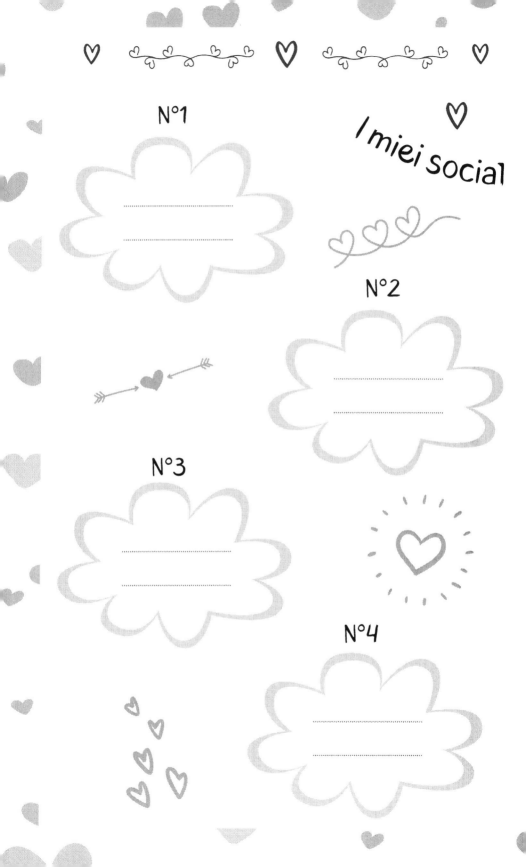

N°1

I miei social

N°2

N°3

N°4

preferiti

N°5

N°6

N°7

N°8

Data ....

Caro diario, ...

....

....

....

....

....

....

....

....

....

....

....

disegni, scarabocchi o foto

Data ....

Caro diario, ...

....

....

....

....

....

....

....

....

....

....

....

....

disegni, scarabocchi o foto

Regali che vorrei per il compleanno

♡

♡

♡

♡

♡

♡

Le mie immagini da colorare

Data ....

Caro diario, ...

....

....

....

....

....

....

....

....

....

....

....

....

....

....

disegni, scarabocchi o foto

Data ....

Caro diario, ...

....

....

....

....

....

....

....

....

....

....

....

....

disegni, scarabocchi o foto

Un momento di gratitudine

Data ....

Il mio umore del giorno

😋 😆 🙂 😐 😠 😢

Cos'è la gratitudine?

È semplicemente riconoscere un beneficio. Se ci concentriamo su ciò che ci fa sentire bene e lo riconosciamo, ci sentiamo meglio mentalmente e fisicamente, mettendo da parte ciò che ci rende tristi o ci fa male.

Sono grata ....

....

....

....

Le persone che mi hanno portato gioia oggi.

....

....

Il momento migliore della mia giornata, lo disegno o lo scrivo.

Le mie immagini da colorare

Colora le lettere come preferisci

SONO
GRATA

ANCHE
PER LE PICCOLE
COSE DELLA
VITA.

Data ....

Caro diario, ...

disegni, scarabocchi o foto

Data ....

Caro diario, ...

....

....

....

....

....

....

....

....

....

....

....

disegni, scarabocchi o foto

DATE
DI COMPLEANNO

Mamma

Data ....

Papà

Data ....

....

Data ....

....

Data ....

....

Data ....

....

Data ....

....

Data ....

....

Data ....

DATE
DI COMPLEANNO

....

Data ....

....

Data ....

....

Data ....

....

Data ....

....

Data ....

....

Data ....

....

Data ....

....

Data ....

Data ....

Caro diario, ...

....

....

....

....

....

....

....

....

....

....

....

....

disegni, scarabocchi o foto

Data ....

Caro diario, ...

disegni, scarabocchi o foto

IL MIO PROSSIMO
— incontro —
CON LE AMICHE

Chi invito ....

....

....

....

Idee di cose da fare

....

....

....

....

....

MENU

....

....

....

....

....

....

Ricordi del mio incontro con le amiche

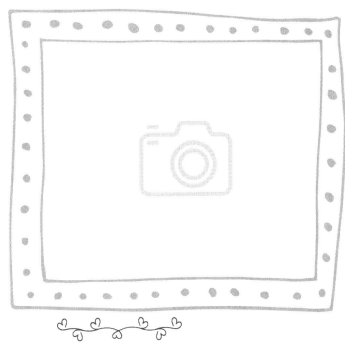

Data ....

Caro diario, ...

disegni, scarabocchi o foto

Data ....

Caro diario, ...

....

....

....

....

....

....

....

....

....

....

....

Le mie immagini da colorare

Un momento di gratitudine

Il mio umore del giorno   **Data** ....

😄 😆 🙂 😐 😠 😢

Sono grata ....

....

....

....

Le persone che mi hanno portato gioia oggi.

....

....

Il momento migliore della mia giornata, lo disegno o lo scrivo.

Data ....

Caro diario, ...

Data ....

Caro diario, ...

....

....

....

....

....

....

....

....

....

....

....

....

disegni, scarabocchi o foto

Le mie vacanze più belle

Il luogo delle mie migliori vacanze ....

....

....

....

Con chi ero? ....

....

....

....

Dove? ....

....

....

Le mie prossime vacanze

Dove, con chi e quando vorrei passare le mie prossime vacanze?

Data ....

Caro diario, ...

....

....

....

....

....

....

....

....

....

....

....

....

....

disegni, scarabocchi o foto

Data ....

Caro diario, ...

....

....

....

....

....

....

....

....

....

....

....

....

....

Le mie immagini da colorare

Colora le lettere come preferisci

HO FIDUCIA

IN ME STESSA

 E

IN QUELLO CHE

FACCIO.

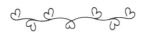

La mia lista dei desideri

Cosa desideri in questo momento?

Andare al cinema, mangiare una pizza?

Compila la tua lista dei desideri ....

....

....

....

....

....

....

....

disegni, scarabocchi o foto

Un momento di gratitudine

Il mio umore del giorno   Data ....

😃 😆 🙂 😐 😠 😢

Sono grata ....

....

....

....

Le persone che mi hanno portato gioia oggi.

....

....

Il momento migliore della mia giornata, lo disegno o lo scrivo.

Le mie immagini da colorare

Data ....

Caro diario, ...

....

....

....

....

....

....

....

....

....

....

....

....

disegni, scarabocchi o foto

Data ....

Caro diario, ...

....

....

....

....

....

....

....

....

....

....

....

....

....

disegni, scarabocchi o foto

IL MIO PROSSIMO
— incontro —
CON LE AMICHE

Chi invito ....

....

....

....

Idee di cose da fare

....

....

....

....

....

....

....

MENU

....

....

....

....

Ricordi del mio incontro con le amiche

la mia lista dei regali di Natale

Le mie immagini da colorare

Colora le lettere come preferisci

UN FALLIMENTO O UN ERRORE

NON

SIGNIFICANO CHE NON SI HA VALORE.

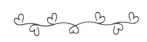

Data ....

Caro diario, ...

....

....

....

....

....

....

....

....

....

....

....

....

....

disegni, scarabocchi o foto

Data ....

Caro diario, ...

disegni, scarabocchi o foto

I miei migliori momenti in famiglia

Chi c'era? ....

....

....

....

In quali occasioni? ....

....

....

In quali luoghi? ....

....

I miei migliori momenti in famiglia

Un momento di gratitudine

Il mio umore del giorno

Data ....

Sono grata ....

....

....

....

Le persone che mi hanno portato gioia oggi.

....

....

Il momento migliore della mia giornata, lo disegno o lo scrivo.

Le mie immagini da colorare

Data _____

Caro diario, _____

_____

_____

_____

_____

_____

_____

_____

_____

_____

_____

_____

disegni, scarabocchi o foto

Data ....

Caro diario, ...

disegni, scarabocchi o foto

I MOMENTI
migliori dell'anno
con le mie amiche

I momenti più divertenti   Lol

- A scuola

....

....

- Durante lo sport

....

....

- Durante lo shopping

....

....

....

Ricordi con
LE MIE AMICHE

SMETTILA,
ho le lacrime
dalle risate!

Troppo divertente

 I momenti più divertenti   Lol

- Le serate a casa

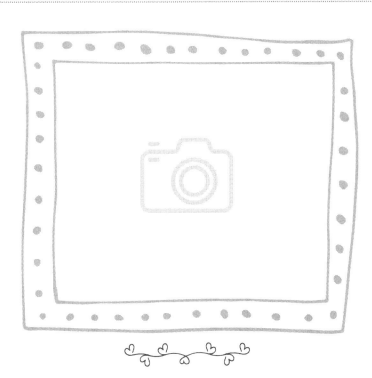

Data ....

Caro diario, ...

....

....

....

....

....

....

....

....

....

....

....

disegni, scarabocchi o foto

Data _____

Caro diario, ...

disegni, scarabocchi o foto

CON I MIEI AMICI

La mia lista della felicità

Riempi la tua lista con le cose che ti piacciono o che ti danno gioia.

Le mie immagini da colorare

Colora le lettere come preferisci

I SORRISI
SCALDANO
IL
CUORE.

Data ....

Caro diario, ...

....

....

....

....

....

....

....

....

....

....

....

....

disegni, scarabocchi o foto

Data ....

Caro diario, ...

Data ....

Caro diario, ...

Data ....

Caro diario, ...

Printed by Amazon Italia Logistica S.r.l.
Torrazza Piemonte (TO), Italy

54137632R00063